Erster Akt:

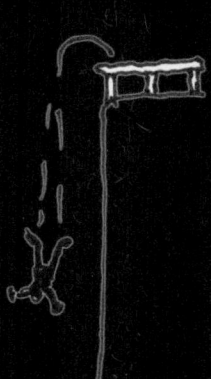

galactic jokes berlin

Bibliografische Informationen
der Deutschen Nationalbibliothek:
Die Deutsche Nationalbibliothek verzeichnet diese
Publikation in der Deutschen Nationalbibliografie;
detaillierte bibliografische Daten sind
im Internet über www.dnb.de abrufbar.

© 2015 Maren Roloff

Herstellung und Verlag:
BoD – Books on Demand, Norderstedt

ISBN 978-3-7347-8119-3

das GruselBuch in Finsterer Zeichensprache

galactic jokes berlin
© Maren Roloff

π π

ipiP

ein Satz mit Gänsefleisch:

Gännseflleisch mals Lischt ausmachen.

können sie vielleicht XXX s

nehcam dliB niek rid tsllos ud

tuarbretsgnaG

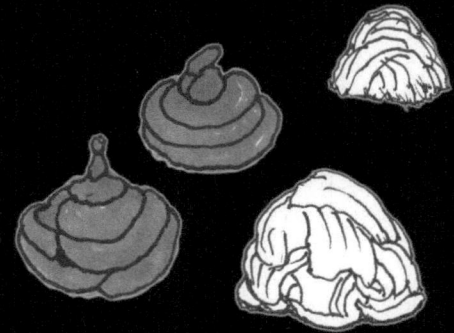

nefuahnenretS

neklownefuaH

sich die 💡 1

negalhcsnie enriB eid hcis

1 für 2

..llaF..

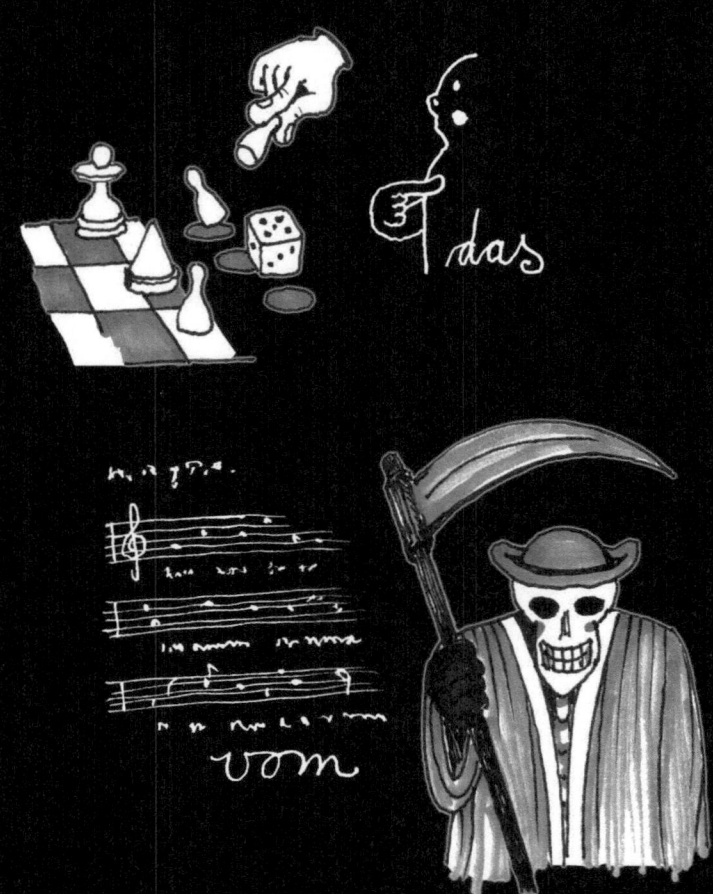

doT mov deiL sad rim leipS

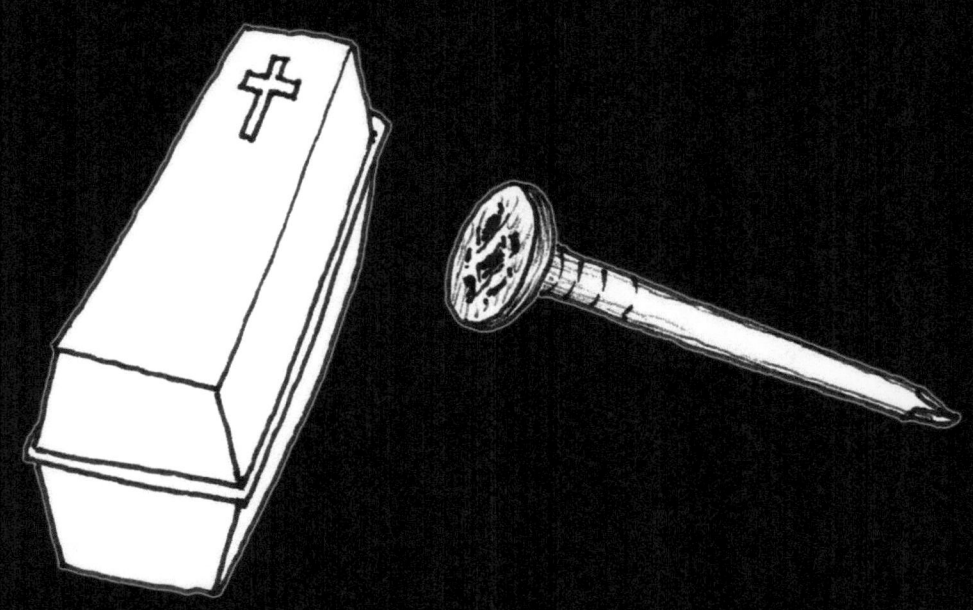

legangraS

jemandem etwas

nehcamrov..

jemanden

..in Boxhorn..

jagen

eeffaK retlak

Zweiter Akt:

Black Label
ein Schattentheater
2003

"Nehmen Sie Kaffee oder Tee ?", fragte Herr Schwarz
"Oder lieber Schwarzbier ?"

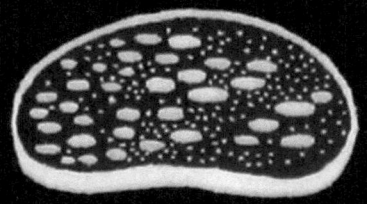

Vielleicht mögen Sie dazu eine Schwarzbrotstulle
mit Schwarzem Pfeffer ? Ich weiß von Ihrem
Schwarzen Humor. Aber diesmal ... wissen Sie ?! :

'Black Beauty',
die Schwarze Witwe,
die mit dem Scherenschnitt
im Schwarzkopfhaar,
so schwarz wie Ebenholz,
wissen Sie ?! :

Die verlor ihren Schwarzen Mann, den Mohr.
Pechmarie! Er war Köhler im Schwarzwald,
wo man ihn tot auffand.

Voll Ruß, wie ein Schornsteinfeger lag er neben seiner Holzkohle.
In der Nacht träumte er wohl noch vom Schwarzen Meer.
Er sah nicht schwarz ...

und hatte doch den Schwarzen Peter zwischen
den Schwarzgeldscheinen auf der Schwarzen Hand. Tragisch.

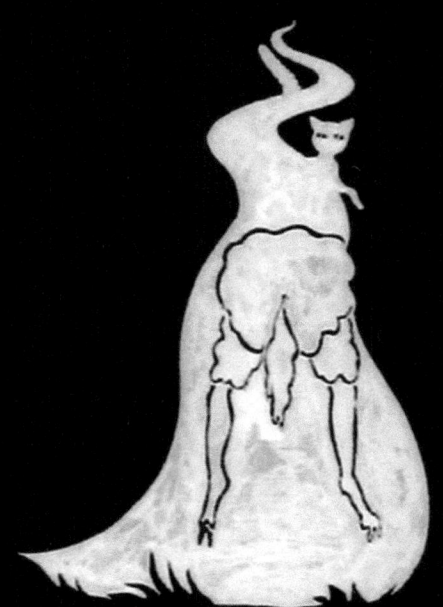

Er hätte von seinem
Schwarzen Tag wissen müssen,
denn ihm, dem Schwarzen Schaf, lief zuvor
die Schwarze Katze von links nach rechts über den Weg

und kurz darauf fiel er in das Schwarze Loch
am Schwarzen Kanal, der Pechvogel.

Nicht das er Grufti gewesen wäre ! Nein !
Auch Schwarze Magie war nicht im Spiel.
Es war allein zum Schwarzärgern.

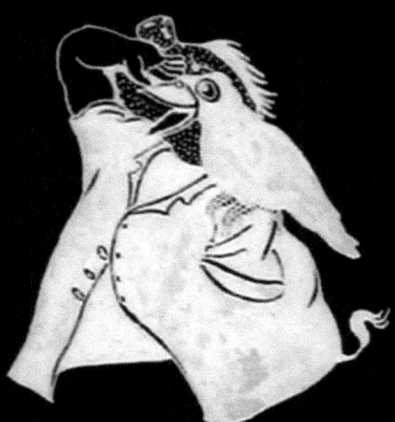

Gleich krächzte der Kolkrabe,
was den Schwarzkittel weckte,
der ihn schließlich entdeckte.

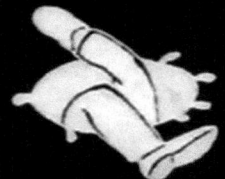

Der Panther und der Schwarzbär in Robe eilten herbei.
Schwarzfahrend überführten sie ihn zur letzten Ruhe
in seine Heimatstadt, die Schwarze Stadt Karakorum
weit weg vom Schwarzen Kontinent.

Sein Grabstein trug
geheimnisvolle Worte.
Doch irgendjemand
schwärzte sie mit
Druckerschwärze."
So sprach Herr Schwarz
und schenkte mit noch
einmal ein.

"Ob es Mord war ?" fragte ich.
"Ohh", er zog eine düstere Miene,
die Schultern seines Schwarzen Anzuges hoben sich,
die Brauen verbanden sich und
seine Augen begannen zu funkeln:
"das liegt bis heute im Dunkeln !
Es geht schließlich um das Schwarze Gold !"

"Herr Schwarz, Sie sind ein Schwarzmaler !
Ich gehe jetzt. Auf Wiedersehen !" und ich verschwand.

Dank an alle,
die mitgewirkt haben !

Das waren :

Herr Schwarz und ich,

die Getränke
und Fressalien,

der Schwarze Humor,

Black Beauty,
die Schwarze Witwe,
der Scherenschnitt,
Schwarzkopf,
so schwarz
wie Ebenholz,
die Pechmarie,

der Schwarze Mann,
der Schornsteinfeger,
der Schatten, der Mohr,
der Köhler, die Holzkohle,
das Schwarze Gold, Ruß,
die Nacht, Schwarzsehen,
tot, der Schwarze Tag,
tragisch, der Schwarzwald,
Schwarzer Peter,
Schwarzgeld,
Schwarze Katze,
Schwarze Hand,

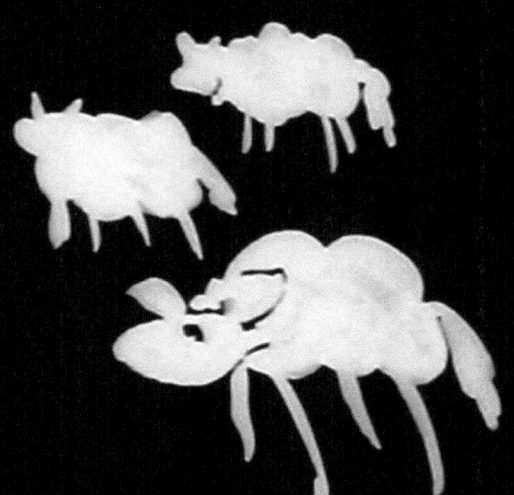

Schwarze Schafe,
Pechvogel,
Kolkrabe,
das Schwarze Loch,

das Schwarze Meer,
der Schwarze Kanal,
der Grufti,
die Schwarze Magie,
Schwarzärgern,
Schwarzkittel,
Panther,
Schwarzbär,
Robe,
Schwarzfahren,

die Schwarze Stadt
Karakorum,
der Schwarze Kontinent,
schwärzen,
Druckerschwärze,
Schwarzmalerei.

Und Dank an die, die im Hintergrund mitgewirkt haben :

Die Schwarze
Madonna mit
Schwarzer
Herrenschokolade,

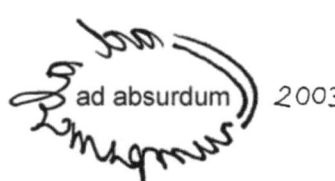

Fahrkartenkontrolle !

Dritter Akt:

Durch die Rosarote Brille

Das Rotkäppchen lag darnieder wie letztes Jahr schon Rosenrot. Der Rotschopf glühte fuchsrot im lachsfarbenen Pyjama. Es waren die Röteln.

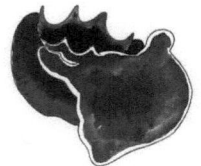

Rotschild hielt sich in der Gegend auf.
Er wußte von ihrem legendären roten Herzen, welches rote Wangen & blutrote Lippen versprach.
Er mußte sie unbedingt aufsuchen.

Auf seinem feuerroten Pferd ritt er gen Osten
und stellte sich vor, wie sie beide
zusammen im Roten Meer baden werden und
wie er danach an ihrer rostroten Rothaut
kuscheln wird und
wie er ihren Kirsch- ja, Erdbeermund
küssen wird.

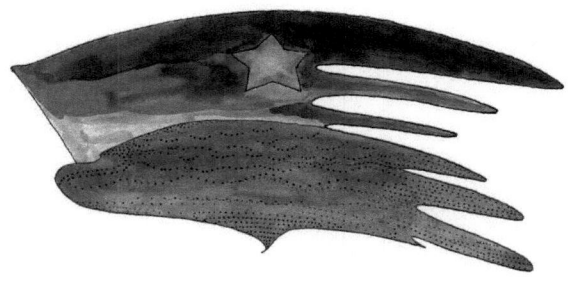

Am Strand würde sie kein Rotbarsch und keine Feuerqualle stören.
Der Rote Stern würde über ihnen leuchten wie ein Banner.

Er machte alles klar für ein Lagerfeuer.
Im Abendrot ging er zu ihr und fand sie mit roten Augen und einer rosa Rose im Haar.

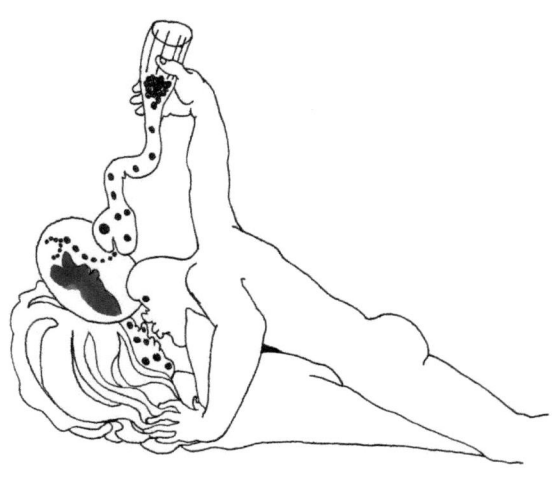

Da nahm er seinen Streuer und gab Roten Pfeffer auf beides. Nun wurde die Rose auch rot.
"Na, gut." dachte er.

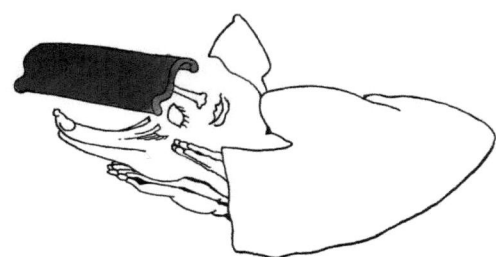

Sie sah aus wie ein Rotfuchs mit einem roten Ziegel auf dem knallroten Kopf.

"Aurora!" schoß ihm da durch die Rote Nelke,
die immernoch in seinem Knopfloch steckte.
Sein Blick fiel auf die Roten Schuhe seiner Rotgardistin.

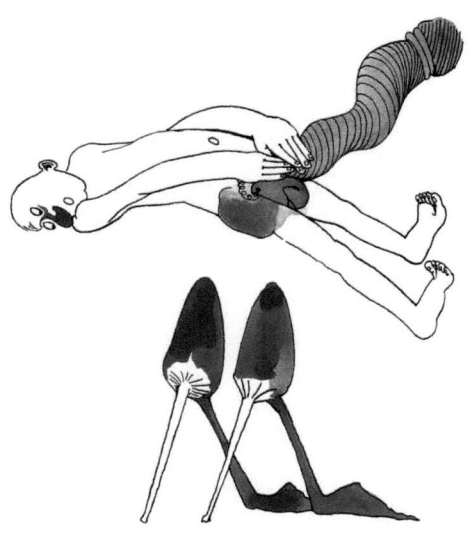

Wie zwei scharlachrote Rotkappen reckten sie sich
zu seinem Roten Telefon, das am Feuerwehrschlauch
hing.
Er trank erstmal einen Schluck Rotwein im Morgenrot.

Da erwachte seine Rote Armee.
Zu allererst suchte sie ihre Rote Socke: "Wo?"
Bei der SPD? Bei der SED? Bei der KPdSU?
Bei der PDS? Oder gar bei der Rote Armee Fraktion?

Pavianarsch Rotschild gab sich gleich als
Rotlaus aus, um sie zu beschwichtigen, ohne daß er
das Rote Kreuz rufen mußte. Er bestellte zum
Frühstück Roten Hummer auf Purpurschnecken.
Nur um die Rote, seine geliebte Trompeterin
zufrieden zu stellen.

Die schien nicht beeindruckt.
Sie nahm ihren Rotstift, grüßte das Rotkehlchen vor dem Fenster und band sich ihr Rotes Halstuch um, um ins Rotlichtviertel nach Moulin Rouge zu gehen - wie jeden Rosenmontag.

Dazu trug sie ganz dick Rouge auf, vor allem auf die Backen.
Für ihn war das alles wie ein Rotes Tuch.
Er zückte heimlich die Rote Karte aus seiner Roten Liste mit den Roten Zahlen.

Da rief seine Rote Rübe: "Bete darum, daß sie Rote Beete mit Rotkraut & Roten Rüben haben!" Erst nachdem sie das verschlungen hatte und mächtig ihre Rote Fahne schwang, die Faust ballte und "Rotfrontkämpfer" rief, konnte er das alles glauben.

Blutrot machte sie einen Roten Punkt in ihren Terminkalender und verschwand.

Alles ging so schnell. Der Rote Husar staunte nur. Doch dafür blieb ihm wenig Zeit, denn der Rote Hahn fraß sich bereits durch die Tür, nicht tizianrot, sondern signalrot!...

Er schwang sich wie ein Rotschwänzchen auf die Rotbuche und rettete sich so hinaus.

AUS:

Das waren

Liebesperlen

zur Farbe ROT

sprach : *Vernuber Swarowitsch*

www.erzaehldeinleben.de

2003
Maren Roloff

auch als Video in Rot: https://vimeo.com/71154388
galactic jokes berlin

nefualegba tsi tieZ eid

1xig

gilamnie

in die Predullie
Gra10

netareg elliuoderB ...

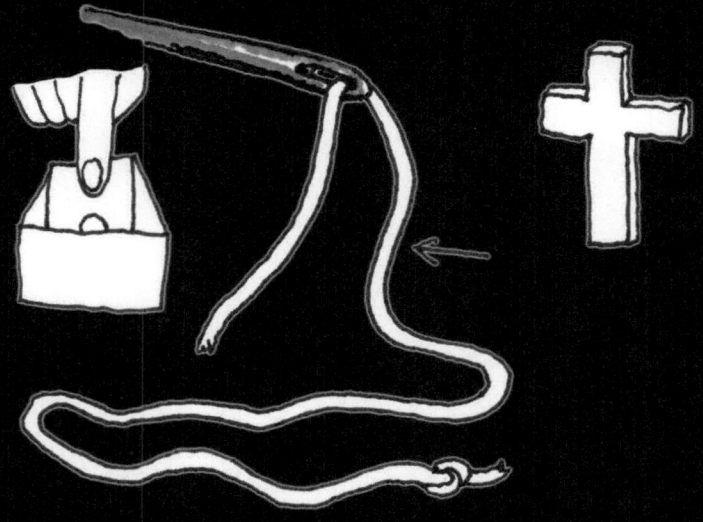

zuerknedaF mi

Gstorben
Gnau !

!uaneg - nebrotseg

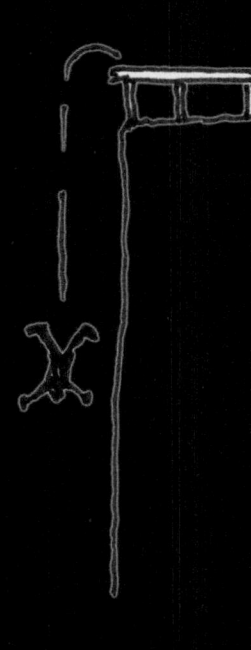

llafreuarT

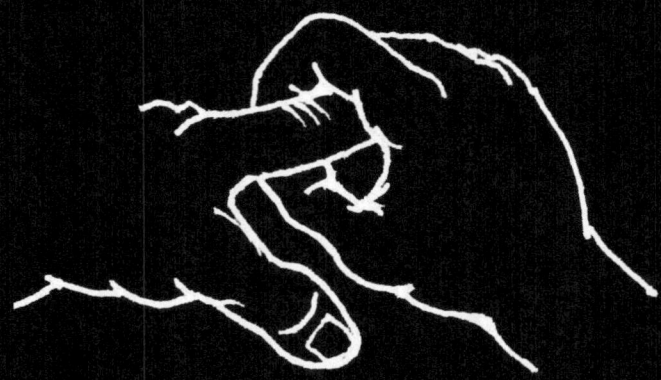

repsuär

in Ungnade

nellafeg--

leipS setetrakegba nie

die 👁 ver

neherdrev neguA eid

1 G fressen

nesserfeg neseB nenie

nesserfeg neseB nenie

nekcups eppuS eid ni..

AB

haben

nebahba daR nie

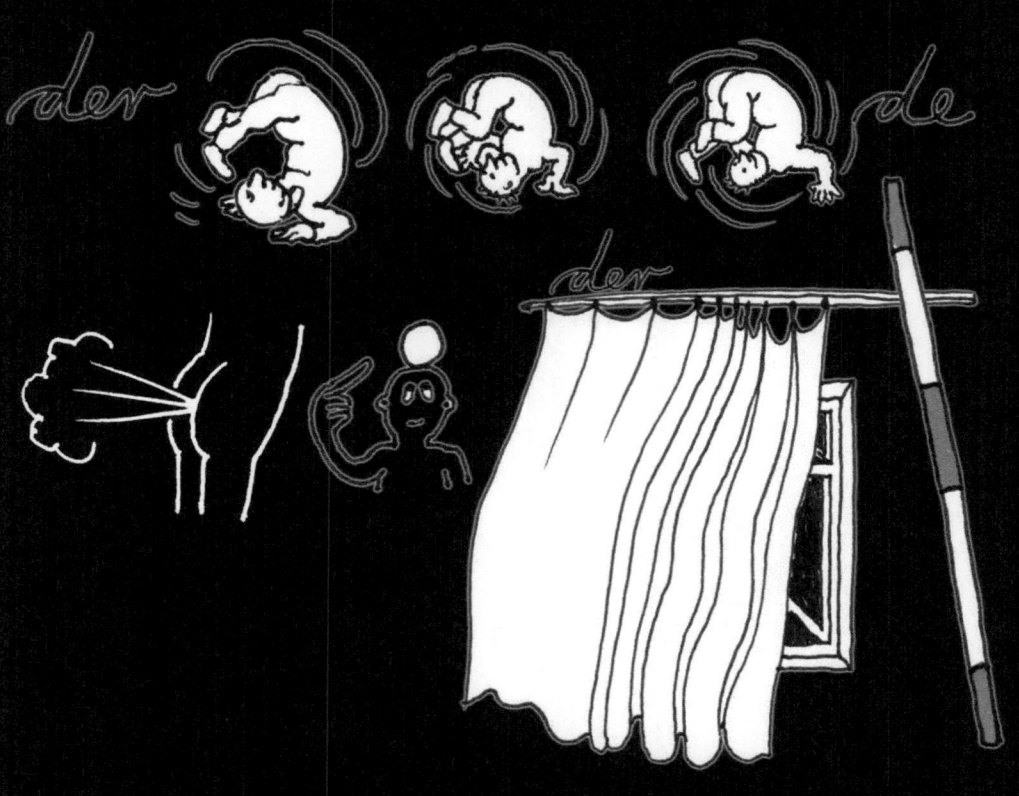

egnatsnenidraGred fua zruF ednellor red

sich

... ... gut.
... ... Mut,
... ... Glut,
... ... tut.

da

nehcam fuarad mieR nenie hcis

ellarkslefueT

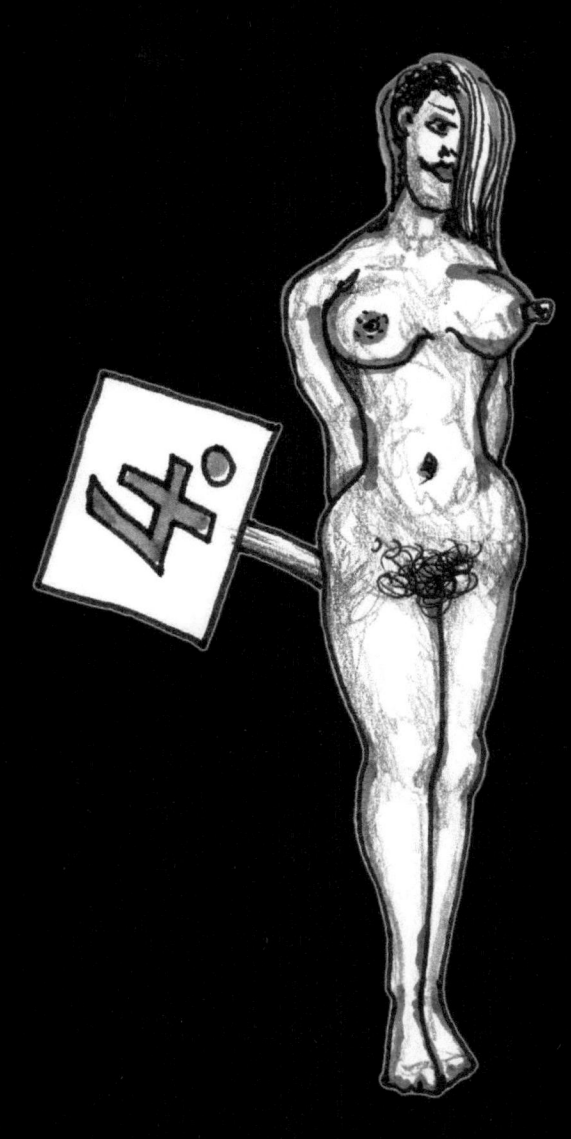

gnummitsnezreK

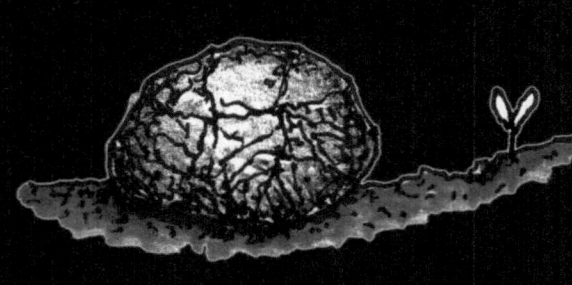

nietsbarG

bualrU

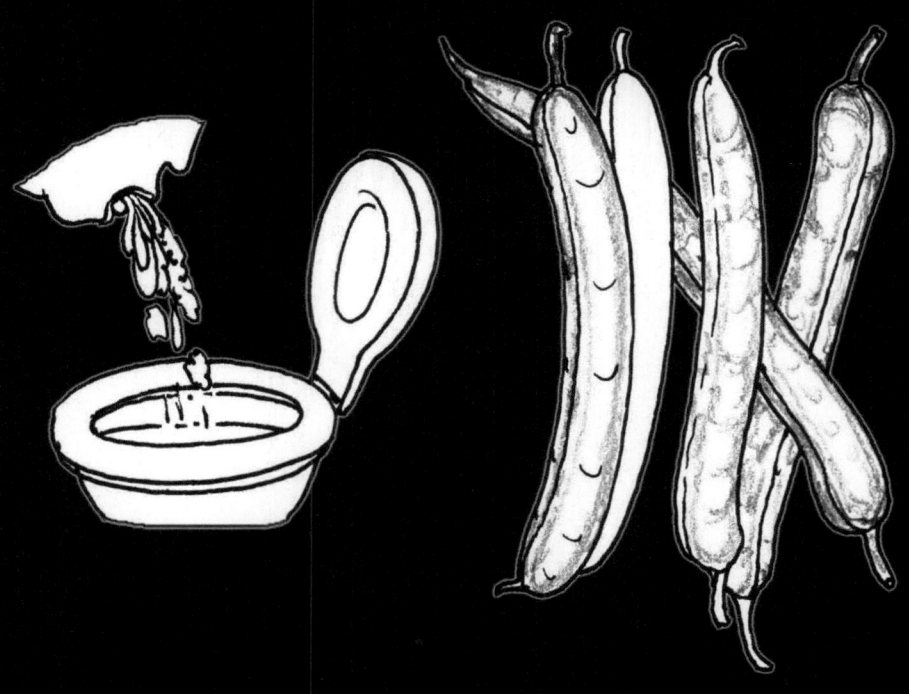

nenhobhcerB

thciregtpuaH

efiefpkcaB

ekcakrenhüH

fpotthcaN

rutluK

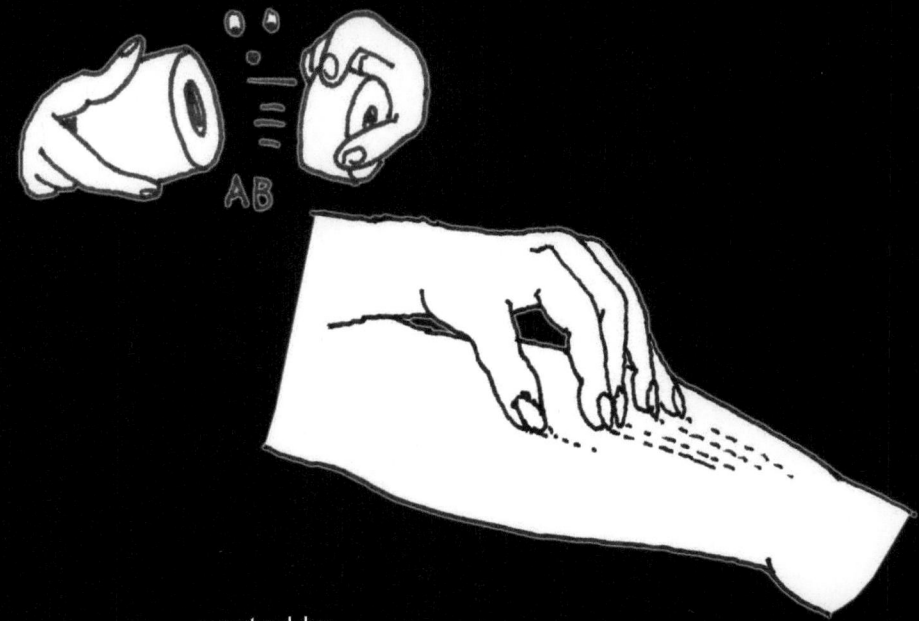

neztarkba

ver ra10
& verkauft

solmahcs

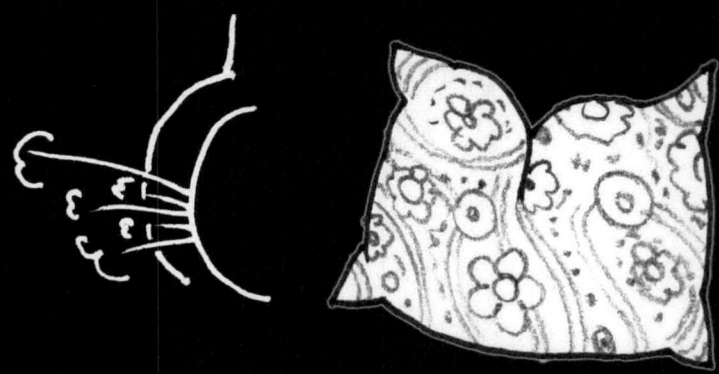

nessikspuP

thcalhcsnessiK

ssirdnabzuerK

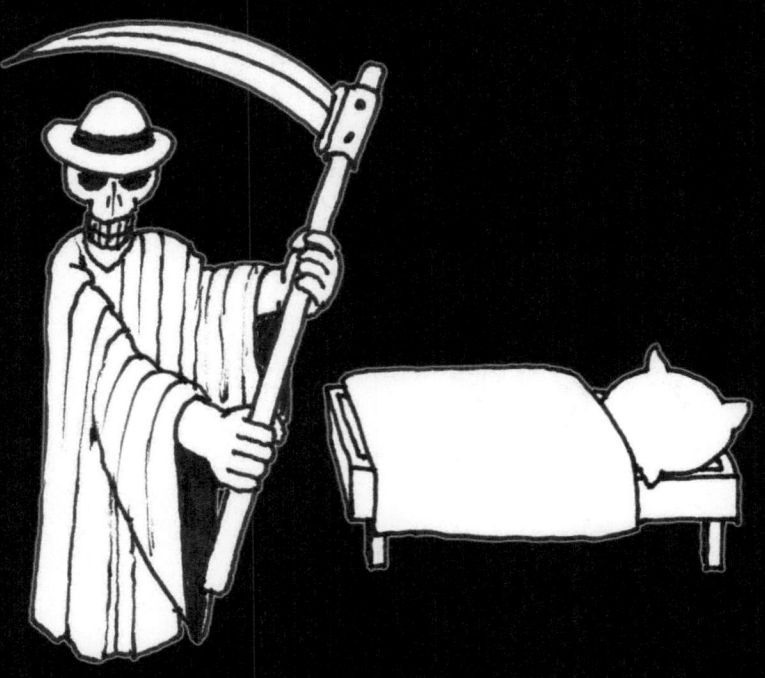

ttebnetoT

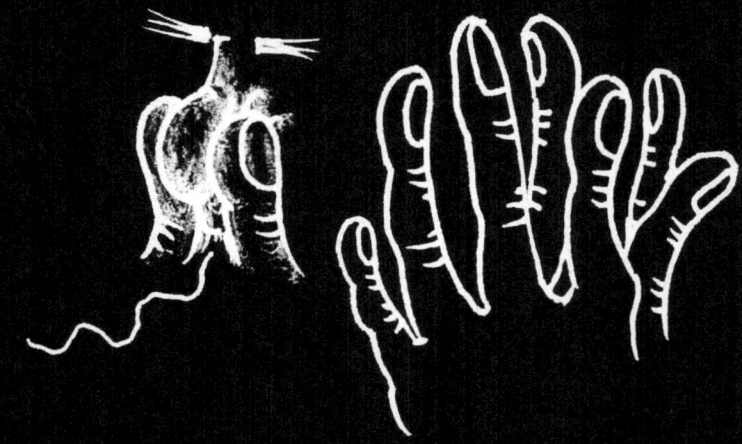

regnifeknitS

hcuregdnuM

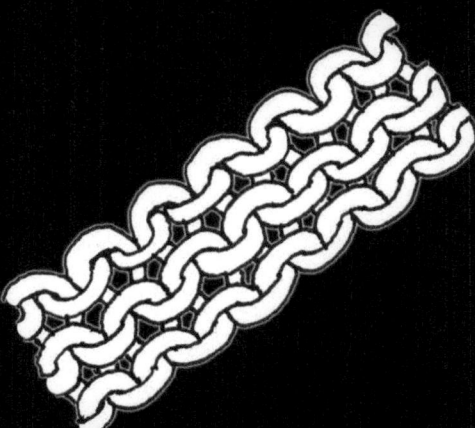

nehcsamfuaL

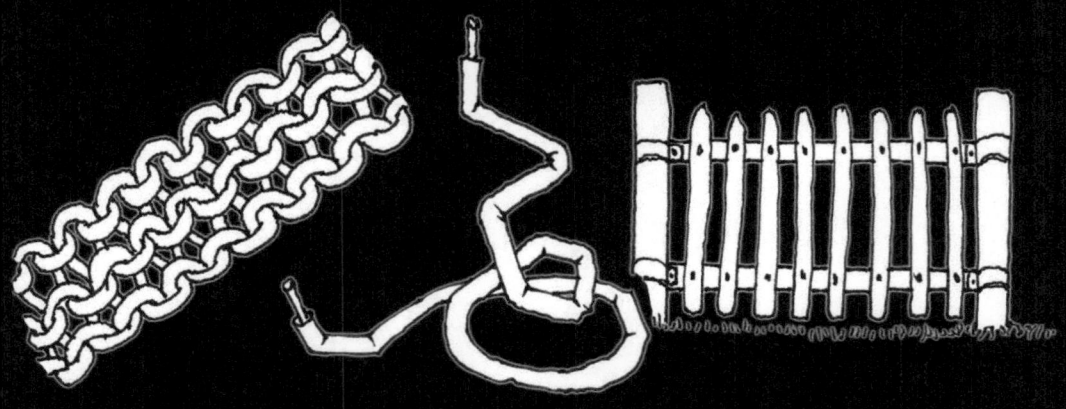

nuazthardnehcsaM

hcuartsnesbrellanK

Idee: Maren Roloff

Zeichnung: ★ Maren Roloff

bisher erschienen:

ISBN-10: 9783738693843
ISBN-13: 978-3-7347-5373-2

ISBN-10: 9783738694369
ISBN-13: 978-3-7347-5892-8

ISBN-10: 9783738694741
ISBN-13: 978-3-7347-5989-5

Maren Roloff
BilderRätsel
Taschenbuch
68 Seiten
14,8 x 21cm

erschienen bei
Books on Demand.

mehr Info über Maren Roloff
www.galactic-jokes-berlin.de

galactic jokes berlin

Maren Roloff
BilderRätsel für Frauen
Komik und Hirnjogging

ISBN-10: 3734767547
ISBN-13: 978-3734767548

Taschenbuch, 88 Seiten
14,8 x 21cm
erschienen bei
Books on Demand.

ein schönes Geschenk !

Maren Roloff
BilderRätsel für Frauen
Komik und Hirnjogging

ISBN-10: 373476873X
ISBN-13: 978-3734768736

Taschenbuch, 88 Seiten
14,8 x 21cm
erschienen bei
Books on Demand.

statt Blumen !
(oder nur einer
Postkarte für 1,20 ;)

Maren Roloff
WeißHighTen für Fortgeschrittene
Ein Anti-Stress-Buch von galactic jokes berlin © Maren Roloff
Allseits bekannte Aussprüche und geflügelte Worte in Zeichensprache
(wie z.B.: den Stein in rollen bringen, Zucker in den Hintern blasen,
Maulaffen feilhalten, mit Kind & Kegel oder sein Geschäft machen usw, ...)
Ein Vergnügen, sie wiederzuerkennen.

ISBN-10: 3734774373
ISBN-13: 978-3734774379
Taschenbuch, 108 Seiten, 14,8 x 21 cm

Maren Roloff *piraten highraten*
Das Grusel-Buch mit Lichtschutzfaktor 22:00 Uhr in 5 Akten.
Anti-Stress-Buch von galactic jokes berlin © Maren Roloff.
Mix aus Bildrätseln, Geschichten und Aussprüchen
in Text- und Zeichensprache.
Die Übersetzungen stehen rückwärts darunter.
Ob allein oder zu zweien, ein bisschen Gänsehaut muss sein!

ISBN-13: 978-3-7347-7960-2

Taschenbuch, 108 Seiten, 14,8 x 21 cm

o o o im Schnee

galactic-jokes-berlin.de